OPPIMISEN TAO

Pamela K. Metz

OPPIMISEN TAO

UNIO MYSTICA

Alkuperäisteos: The Tao of Learning

Copyright © 1994 by Humanics Limited
Atlanta, Georgia, USA

Kuvat julkaistu Humanics Limitedin luvalla.

Kaikki oikeudet pidätetään.

Käännös:
Harri Paasio
Tuija Turpeinen

Kansi ja taiton suunnittelu: Lauri Hautamäki

Taiton toteutus: Marlene Sanoukian

Kustantaja:
Unio Mystica
PL 186 (Yrjönkatu 8)
00121 Helsinki
puh 09-680 1657
e-mail: info@uniomystica.fi
www.uniomystica.fi

ISBN 952-9586-71-X

Painettu Karisto Oy:n kirjapainossa
Hämeenlinnassa 2000

Tämä kirja on omistettu rakkaudella ja kunnioituksella
opettajilleni, oppilailleni, ystävilleni ja perheelleni.

Kiitokset

Haluan kiittää erityisesti seuraavia kirjailijoita,
joiden julkaisuista oli minulle paljon apua tämän kirjan
kirjoittamisessa: Stephen Mitchell *(Tao Te Ching)*,
R. L. Wing *(The Illustrated I Ching)*, Jean Shinoda Bolen
(The Tao of Psychology), Benjamin Hoff *(The Tao of Pooh)*,
Kahlil Gibran *(The Prophet)*, Richard Fields et al.
(Chop Wood, Carry Water) sekä Gia-Fu Feng ja
Jane English *(Lao Tzu: Tao Te Ching)*.

Haluan myös kiittää Gary Wilsonia
Humanics Limitedistä sekä Carole Addlestonea,
jotka auttoivat minua tämän kirjan julkaisemisessa.

Sisällys

Johdanto 9

1. Tao 11
2. Opeta ilman sanoja 13
3. Opeta tekemättä mitään 15
4. Kaiken perusta 17
5. Puolueettomuus 19
6. Avoimuus 21
7. Epäitsekkyys – Läsnäolo 23
8. Aitous 25
9. Pysähdy ajoissa 27
10. Vailla odotuksia 29
11. Tyhjyys 31
12. Sisäinen ja ulkoinen 33
13. Menestys 35
14. Hiljentyminen – Intuitio 37
15. Suuret opettajat 39
16. Yhteisvoimin 41
17. Avustaja 43
18. Luonnollinen järjestys 45
19. Pysy tietoisena 47
20. Viisauden oivaltaminen 49
21. Tien näyttäjä 51
22. Vastakohtaisuudet 53
23. Hiljentymisen merkitys 55
24. Liiallinen yrittäminen 57
25. Ei alkua eikä loppua 59
26. Jalat maassa 61
27. Ole joustava 63

28. Oppimisen jin ja jang ... 65
29. Kaikella on aikansa ... 67
30. Ristiriidat ... 69
31. Kannustus ... 71
32. Sopusointu ... 73
33. Tunne itsesi ... 75
34. Taon suuruus ... 77
35. Yksinkertaisuus on voimaa ... 79
36. Vahvuus ja heikkous ... 81
37. Tao ei tee mitään ... 83
38. Viisas opettaja ... 85
39. Opettajan voima ... 87
40. Aikaa itselle ... 89
41. Hyvä, parempi, paras ... 91
42. Luovuus ... 93
43. Lempeys ... 95
44. Tyytyväisyys ... 97
45. Naurettavan yksinkertaista ... 99
46. Pelko ... 101
47. Tässä ja nyt ... 103
48. Luovu ohjailusta ... 105
49. Luottamus ... 107
50. Valmis kaikkeen ... 109
51. Yhteys Taoon ... 111
52. Alkulähde ... 113
53. Kadotettu tietoisuus ... 115
54. Opetamme toisiamme ... 117
55. Avoin mieli ... 119
56. Tietoinen oleminen ... 121
57. Tee vähemmän ... 123
58. Esimerkin voima ... 125

59. Mielen tyyneys 127
60. Vaikeuksien kohtaaminen 129
61. Nöyryys 131
62. Opi virheistä 133
63. Tartu haasteisiin 135
64. Elämän kiertokulku 137
65. Pelkkä tieto ei riitä 139
66. Pysyttele taka-alalla 141
67. Selkeys, kärsivällisyys, myötätunto 143
68. Yhteistyö 145
69. Kunnioitus 147
70. Ikuinen viisaus 149
71. Lopeta teeskentely 151
72. Innostava opettaminen 153
73. Tao on kaikkialla 155
74. Arvosanat 157
75. Luota oppilaisiin 159
76. Pehmeä ja kova 161
77. Suotuisat olosuhteet 163
78. Lempeys on voimaa 165
79. Epäonnistumisessa piilee mahdollisuus 167
80. Vapaus ja rakkaus 169
81. Palkkio 171

JOHDANTO

Oppimisen Tao tarkoittaa sitä, miten luonnollinen oppiminen tapahtuu. Oppiminen ja opetus muodostuvat monista tekijöistä. Joistakin näistä "tekijöistä" voidaan puhua ja kirjoittaa, joitakin voidaan havainnoida ja arvioida. Tiettyjä oppimisen ulottuvuuksia voidaan ymmärtää vain olemalla opiskelija tai opettaja. Oppimisen Tao perustuu useisiin Lao Tzun Tao Te Chingin eri versioihin. Se tarjoaa uudenlaisen näkemyksen oppimisen ja opettamisen monista ulottuvuuksista. Sen tarkoituksena on antaa virikkeitä lukijalle. Voit lukea tämän kirjan luvut järjestyksessä alusta loppuun, tai voit avata sen mistä kohdasta tahansa kaivatessasi opastusta johonkin kysymykseen tai ongelmaan.

1. TAO

Tao merkitsee tapahtumien luonnollista kulkua. Oppimisen Tao merkitsee tapahtumien luonnollista kulkua oppimisympäristössä. Luonnollista oppimiskokemusta ei voi kuvailla sanoin.

Oppimista ei voi myöskään määritellä. Se, mikä voidaan määritellä, ei ole luonnollista oppimista.

Ole tietoinen siitä, mitä oppimisessa tapahtuu yrittämättä väkisin ymmärtää kaikkea. Ole avoin tapahtumien luonnolliselle kululle arvostelematta mitään. Tao on yhtä kuin tapahtumien luonnollinen kulku.

2. OPETA ILMAN SANOJA

Kaikella on vastakohtansa, jota ilman mitään ei ole olemassa: hyvä ja paha, täysi ja tyhjä, rikas ja köyhä, musta ja valkoinen.

Siksi viisas opettaja opettaa ilman sanoja ja toimii oikeastaan tekemättä mitään.

Hän luo oppimisympäristön, mutta ei omi sitä itselleen. Saatuaan työnsä valmiiksi hän on valmis siirtymään eteenpäin.

3. OPETA TEKEMÄTTÄ MITÄÄN

Viisas opettaja ei ylpeile osaamisellaan eikä kannusta muitakaan siihen, koska se vain lisää kilpailua ja kateutta.

Viisas opettaja opettaa hienovaraisesti ja auttaa oppilaita irtautumaan siitä, mitä he luulivat tietävänsä. Hän osoittaa kysymyksiä niille, jotka vielä pitävät kiinni kirjaviisaudesta.

Avarassa oppimisympäristössä oppilaat löytävät helpommin omat kykynsä.

4. KAIKEN PERUSTA

Tao ei ole käsin kosketeltavissa. Sitä voisi verrata peruskallioon, joka ei ole näkyvissä, mutta joka kuitenkin tukee rakennuksen perustusta.
Tao tukee oppimisen periaatetta. Tao on kuin varsinaisen perustuksen alla oleva perustus. Äärettömän syvyytensä ja laajuutensa ansiosta Tao tekee oppimisen ja opettamisen mahdolliseksi aina ja kaikkialla. Se on ikuinen ja häviämätön.

5. PUOLUEETTOMUUS

Tao ei ole puolueellinen, koska se tuntee sekä hyvän että pahan. Viisas opettaja ei asetu kenenkään puolelle. Hän hyväksyy kaikki oppilaat hyvine ja huonoine puolineen.

Tao on tuulen kaltainen; se on näkymätön, mutta kuitenkin hyvin voimakas. Mitä kiihkeämmin yrität saada siitä otetta, sitä kauemmaksi se karkaa.

Oppiminen edistyy parhaiten, kun olet kosketuksissa omaan sisimpääsi.

6. AVOIMUUS

Oppimisen Tao ilmenee äärettömän monessa olomuodossa. Se on tyhjä, mutta kuitenkin täynnä elämää. Tao on aina läsnä ja käytettävissämme.

Vain silloin, kun suljet itsesi rajattomilta mahdollisuuksilta, et voi havaita Taoa.

7. EPÄITSEKKYYS - LÄSNÄOLO

Opettaja on läsnä ja oppilaiden käytettävissä, mutta hän ei yritä hallita heitä. He eivät ole "hänen" oppilaitaan.

Opettaja palvelee oppilaita ilman itsekkäitä pyrkimyksiä. Näin hän voi olla täydellisesti läsnä ja tuntea tyydytystä työstään.

8. AITOUS

Oppilaan täytyy voida olla oma itsensä. Oikeassa oppimisympäristössä ei ole vilppiä eikä teeskentelyä.

Vastoinkäymiset tarjoavat mahdollisuuden oivaltaa jotain uutta; ne synnyttävät energiaa. Tätä voi verrata virtaavaan veteen, joka esteen kohdattuaan patoutuu ja löytää sitten uuden uoman.

Anna elämän luonnollisen virran tulla osaksi oppimista. Kohtaa odottamattomat ja tuntemattomat asiat tyynesti ja ehdoitta. Silloin sekä opettaja että oppilaat voivat yhdessä kokea ja oivaltaa jotakin aivan uutta.

9. PYSÄHDY AJOISSA

Jos puhut liikaa, oppilaat lakkaavat kuuntelemasta. Jos opetat liian pitkään, oppilaat väsyvät. Jos yrität liikaa, eksyt oikealta polulta.

Sekä opettaja että oppilaat tarvitsevat toisinaan välimatkaa opiskeluun ja toisiinsa. Etäisyys antaa heille mahdollisuuden tavata jälleen ja jatkaa työtä yhdessä.

Viisas opettaja tietää milloin on aika lopettaa.

10. VAILLA ODOTUKSIA

Pystytkö opettaessasi pitämään mielessäsi oppitunnin alkuperäisen tarkoituksen? Kykenetkö olemaan joustava kohdatessasi vastoinkäymisiä? Pystytkö näkemään selkeästi sielusi silmin silloinkin kun olet tuntemattomilla vesillä? Osaatko opastaa toisia lempeästi yrittämättä ohjailla heitä? Kun olet itse löytänyt oikean polun, maltatko odottaa, että muutkin löytävät omansa?

Opettele opettamaan innostavasti. Älä ole omistushaluinen. Opettele olemaan avuksi ehtoja asettamatta.

On suuri haaste kyetä opettamaan ilman tarvetta valvoa ja hallita.

11. TYHJYYS

Kärrynpyörä ei olisi käyttökelpoinen ilman sen keskellä olevaa reikää, tyhjää tilaa.

Saviruukun sisällä oleva tyhjä tila tekee ruukusta käyttökelpoisen.

Luokkahuoneella on seinät, mutta sen sisällä oleva tyhjä tila tarjoaa mahdollisuuden oppimiseen.

Muodot ja rakenteet ovat tärkeitä, mutta niin ovat myös hiljaisuus ja tyhjyys.

12. SISÄINEN JA ULKOINEN

Näe se mitä ei voida käsin koskettaa. Näe sielusi silmin se, mikä ei ole vielä toteutunut. Anna oma näkemyksesi oppilaiden käyttöön heidän opintiellään.
Viisas opettaja ohjaa näkemään mahdollisuuksia. Ulkoisen ja sisäisen oppimisen välinen jännite on henkisen kasvun edellytys.
Opettaja luottaa sisäiseen näkemykseensä. Hän antaa ideoiden tulla ja mennä. Hänen sydämensä on avara kuin taivas.

13. MENESTYS

Oppilaan on syytä suhtautua varovaisesti menestykseensä. Kun muut ylistävät suorituksiasi, on vaarana, että kehityksesi pysähtyy.

On tärkeää olla riippumaton omasta menestyksestään. Toiveet ja pelot voivat horjuttaa sisäistä tasapainoasi. Pidä huolta itsestäsi ja muista. Luota siihen, että henkinen kasvu tapahtuu omaan tahtiinsa. Silloin pystyt sekä oppimaan että pysymään sisäisesti tasapainossa.

14. HILJENTYMINEN – INTUITIO

Kun Taoa yrittää katsoa, sitä ei voi nähdä. Kun Taoa yrittää kuunnella, sitä ei voi kuulla. Kun Taosta yrittää saada otteen, sitä ei voi tavoittaa. Kun oppimisessa on jotakin epäselvää, älä ponnistele liikaa selvittääksesi sitä.

Hiljenny sen sijaan ja näe sielusi silmin mitä tapahtuu. Anna havaintojesi ja vaistosi opastaa itseäsi.

Et voi tietää kaikkea, mutta voit olla avoin ja luottavainen tuntemattoman ja selittämättömän edessä.

Kun olet tietoinen siitä, mistä kaikki saa alkunsa, sinulla on viisauden avaimet kädessäsi.

15. SUURET OPETTAJAT

Suuret opettajat ovat näyttäneet tietä, mutta oman polkunsa voi kukin opettaja löytää vain yksin. Viisas opettaja malttaa kuunnella oppilaitaan. Hän ei patista heitä päätymään samoihin johtopäätöksiin kuin hän itse. Pelko ei saa hallita oppimisympäristöä. Pelon avulla ei voi oppia mitään kestävää. Lapset oppivat leikin kautta. Aikuistenkin pitäisi leikkiä oppiakseen. Vaikeitakin asioita voi opiskella leikkimielellä.

16. YHTEISVOIMIN

Niin elämässä kuin oppimisessakin voimat täytyy osata jakaa ja yhdistää viisaasti. Oppilaat ja opettaja saavat voimaa toisistaan.

Kun oppilaat työskentelevät ryhmässä, päästään hyviin tuloksiin. Jokainen on vuorollaan opettaja ja opetettava. Kun opettaja on tehnyt työnsä, hän voi vetäytyä sivuun.

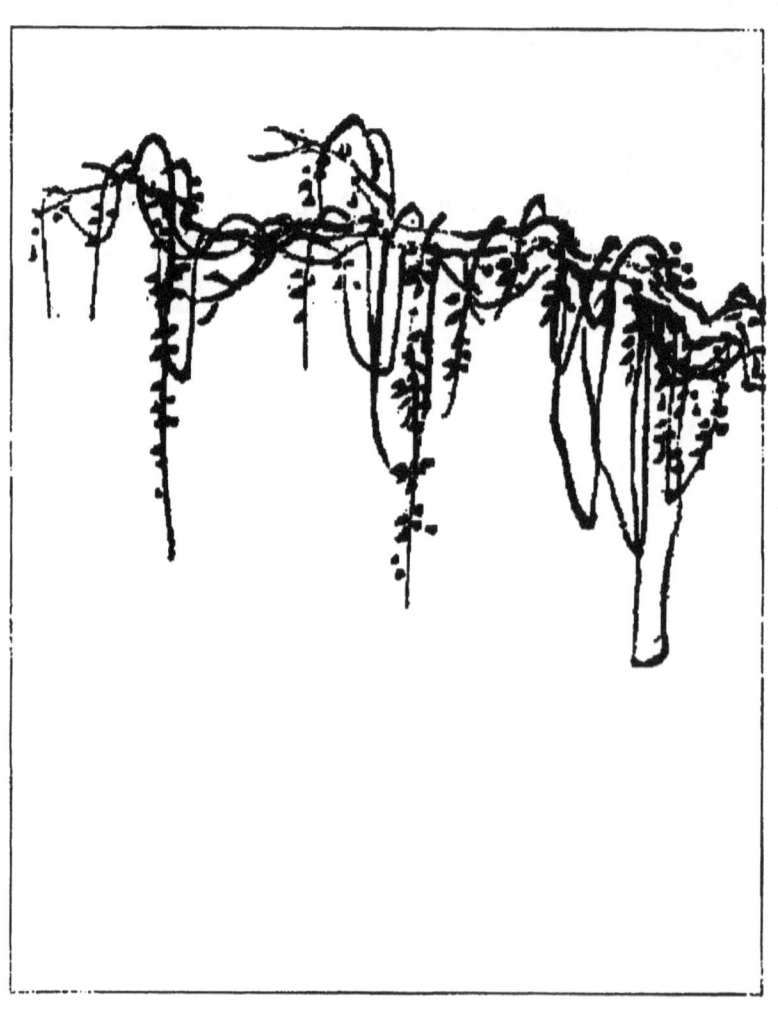

17. AVUSTAJA

Paras opettaja on sellainen, että hänen läsnäoloaan tuskin huomaa. Hyvästä opettajasta pidetään. Huonoa opettajaa pelätään. Pahimmassa tapauksessa opettajaa vihataan.

Jos opettaja ei luota oppilaisiin, he eivät myöskään luota häneen. Viisas opettaja auttaa oppilaitaan oppimisen alkuun; löytämään sen, minkä he itse asiassa jo tiesivät.

Kun työ on tehty, oppilaat voivat todeta: "Hienoa, me teimme sen itse!"

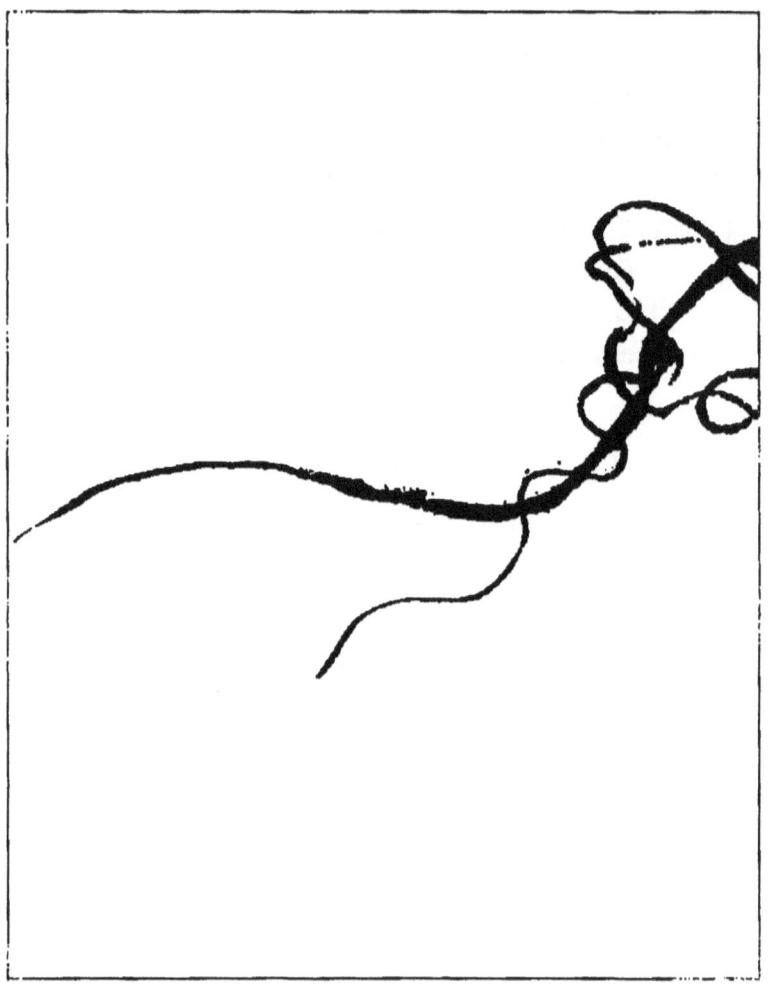

18. LUONNOLLINEN JÄRJESTYS

Kun oppimisen Tao unohdetaan, opiskelu perustuu tottelemiseen ja alistumiseen.

Kun oppilaat eivät kykene ajattelemaan itsenäisesti, vilpillisyys ja oveluus lisääntyvät. Mikäli oppimisympäristö ei ole tasapainoinen, oppilaat tulevat riippuvaisiksi opettajasta.

Kun oppimisympäristö elää jatkuvasti, siihen muodostuu luonnollinen tasapaino ja järjestys.

19. PYSY TIETOISENA

Kun luovut ylemmyydentunteesta ja ylimielisyydestä, oppilaat ovat tyytyväisiä. Kun jätät pois arvostelun ja säännöt, oppilaat tekevät luonnostaan asiat oikealla tavalla. Kun unohdat liian pänttäämisen ja arvosanat, kukaan ei yritä olla vilpillinen.

Mikäli tämäkään ei riitä, pysy tietoisena ja anna oppimisen edetä omalla painollaan.

20. VIISAUDEN OIVALTAMINEN

Kun opettaminen keskittyy tavanomaiseen, siitä syntyy jotain epätavallista ja ainutlaatuista. Vasta sitten kun oppilas oivaltaa tämän, hän voi ymmärtää, kuinka suurenmoista oppiminen on.

Joka päivä opettaja toistaa yksinkertaisia harjoituksia, jotka auttavat oppilaita oivaltamaan. Opettaja näyttää esimerkillään, että totuus löytyy yksinkertaisista asioista.

Ilman säännöllistä harjoitusta ei voi oppia, mutta syvällinen viisaus avautuu aina yllättäen.

21. TIEN NÄYTTÄJÄ

Onnellisuus sisältää myös surun siemenen. Anna itsellesi vapaus kokea oppimisen Tao.

Opettaja ei voi kulkea koko aikaa oppilaiden rinnalla; hän voi ainoastaan valottaa erilaisia mahdollisuuksia. Jälkeenpäin oppilaat saattavat kertoa opettajalle kokemuksistaan.

22. VASTAKOHTAISUUDET

Opettajan tehtävä on erilainen kuin oppilaan. Opettajan ja oppilaan välisestä jännitteestä muodostuu oppimisen jin ja jang.

Pystyäkseen olemaan eheä opettajan täytyy hyväksyä kaikki puolensa. Pystyäkseen olemaan suora hänen täytyy myös pystyä olemaan monimutkainen. Pystyäkseen olemaan ylitsevuotavainen hänen täytyy ensin tyhjentyä. Pystyäkseen syntymään uudelleen hänen täytyy ensin kuolla. Pystyäkseen ottamaan vastaan hänen täytyy luopua. Oppimisen Taon kautta viisas opettaja voi olla esimerkkinä oppilailleen.

Koska opettaja ei korosta itseään, oppilaat noudattavat mielellään hänen esimerkkiään. Koska hänen ei tarvitse todistella mitään, oppilaat luottavat siihen mitä hän sanoo. Koska hän ei teeskentele, oppilaat tunnistavat itsensä hänessä. Koska hän on avoin kaikille mahdollisuuksille, hän onnistuu työssään.

Vanhat viisaat opettajat lausuivat totuuden: "Saadakseen kaiken ihmisen on ensin luovuttava kaikesta."

Kun opettaja ymmärtää Taon merkityksen, hän voi olla todella oma itsensä.

23. HILJENTYMISEN MERKITYS

Sano sanottavasi ja ole sitten hiljaa. Ota esimerkkiä luonnonilmiöistä. Kun tuulee, kuulet vain tuulen huminan, kun sataa, kuulet vain sateen ropinan. Kun pilvet väistyvät, aurinko tulee esiin.

Kun olet avoin oppimisen Taolle, olet tasapainossa. Silloin voit hyväksyä sen täydellisesti. Kun mielesi on avoin, voit nähdä asiat selkeästi sellaisina kuin ne ovat. Kun hyväksyt vastoinkäymiset ja epäonnistumiset, olet yhtä niiden kanssa – olet avoin muutokselle.

Hiljenny ja pysy avoimena oppimisen Taolle. Kun luotat omaan sisäiseen voimaasi ja tapahtumien luonnolliseen kulkuun, kaikki palaset loksahtavat paikoilleen.

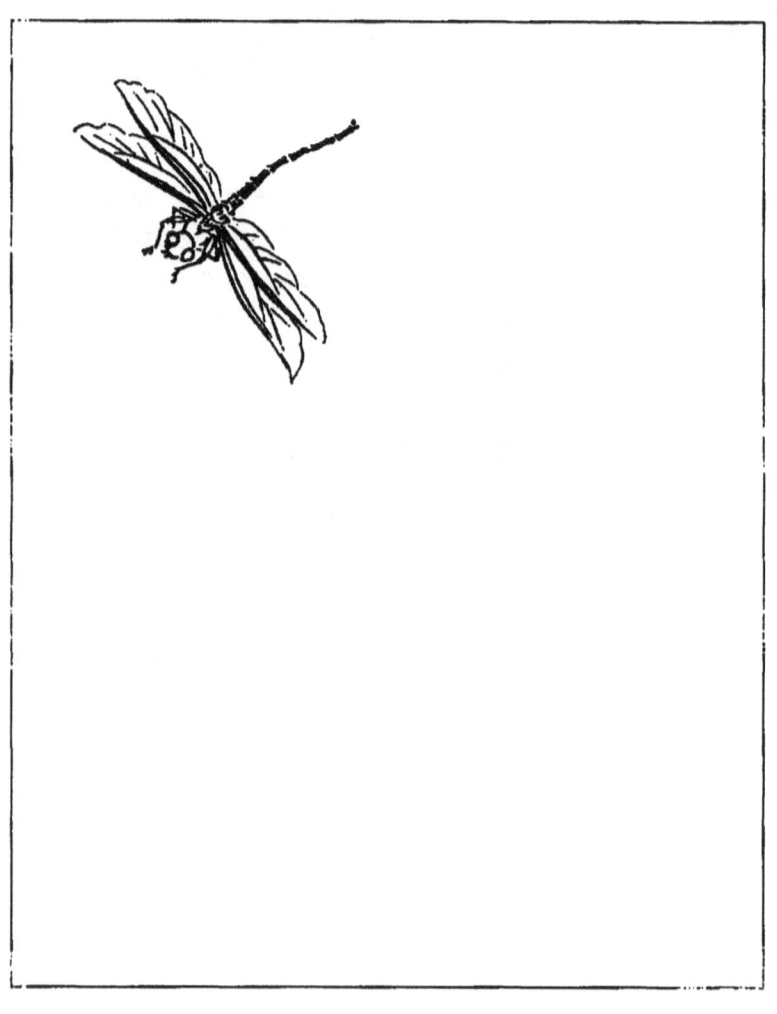

24. LIIALLINEN YRITTÄMINEN

Jos seisot varpaillasi, menetät helposti tasapainosi. Jos vauhtisi on liian kova, et pääse pitkälle. Jos yrität väkisin loistaa, loisteesi himmenee.

Oppilas, joka väittää tuntevansa itsensä, ei tosiasiassa tiedä kuka hän on. Opettaja, joka yrittää hallita muita, ei tosiasiassa pysty hallitsemaan itseään. Opettaja, joka ei osaa hellittää, ei kykene luomaan mitään pysyvää.

Jos haluat tuntea oppimisen Taon, tee vain se, mikä on tarpeen ja hellitä sitten.

25. EI ALKUA EIKÄ LOPPUA

Ne, jotka nyt oppivat kanssamme, ovat osa samaa suurta kokonaisuutta. Ne, jotka ovat oppineet ennen meitä, ovat myös osa tuota kokonaisuutta. Ja ympyrä sulkeutuu niiden myötä, jotka tulevat oppimaan meidän jälkeemme.

Ainoastaan yksittäiset oppitunnit alkavat ja päättyvät. Todellisella oppimisella ja opetuksella ei ole alkua eikä loppua.

26. JALAT MAASSA

Opettaja, jolla on jalat tukevasti maassa, pystyy työskentelemään hankalienkin oppilaiden kanssa menettämättä mielenrauhaansa.

Pitämällä jalat maassa hän pystyy keskittymään opetustyöhönsä. Hän pysyy rauhallisena ristiriitatilanteissakin.

Miksi opettaja heittäytyisi mukaan kaikenlaisiin väittelyihin? Jos hän on muiden kuljetettavissa, hän ei voi pysyä tyynenä. Jos hänestä tulee levoton, hän menettää kosketuksen itseensä.

27. OLE JOUSTAVA

Viisas opettaja tekee joustavia suunnitelmia eikä hänen ainoa tarkoituksensa ole käydä läpi kaikkea mahdollista oppimateriaalia. Hän kuuntelee vaistoaan ja antaa sen johdattaa itseään. Viisaalla opettajalla ei ole ennakkokäsityksiä, ja hän pitää mielensä avoimena sille, mitä todella tapahtuu. Hän on kaikkien oppilaiden käytettävissä syrjimättä ketään. Hän toimii tilanteen mukaan eikä tuhlaa voimiaan. Tämä on joustavuutta.

Eikö hyvä oppilas olekin huonon oppilaan opettaja? Eikö hankala oppilas olekin haaste viisaalle opettajalle?

Jos et ymmärrä tätä, epäonnistut vaikka sinulla olisi kuinka monta loppututkintoa.

Tässä piilee suuri salaisuus.

28. OPPIMISEN JIN JA JANG

Ole tietoinen maskuliinisesta voimastasi. Hyväksy myös feminiininen puolesi; ota kaikki avosylin vastaan. Kun hyväksyt kaiken, olet yhtä Taon kanssa. Olet kuin viaton lapsi.

Ole tietoinen valosta, mutta hyväksy myös pimeys. Opeta esimerkilläsi. Kun toimit näin oppimisympäristössäsi, ilmennät Taoa. Se on vapautta.

Ole tietoinen siitä, mikä on henkilökohtaista, mutta hyväksy myös se, mikä on sitä suurempaa. Kun hyväksyt kaikki, ilmennät Taoa ja löydät oman sisimpäsi.

Oppimisympäristö luodaan tyhjyydestä. Puuveistos luodaan puusta. Viisas oppilas arvostaa veistosta, mutta pitää myös pelkkää puuta aivan yhtä suuressa arvossa. Näin hän suhtautuu kaikkeen.

29. KAIKELLA ON AIKANSA

Haluatko pelastaa maailman? Enpä usko että pystyt siihen. Maailma on pyhä, sitä ei voi pelastaa. Tuhoat sen, jos puutut sen kulkuun. Menetät sen, jos suhtaudut siihen kuin esineeseen.

On aika kulkea edellä ja aika jättäytyä jälkeen. On aika olla liikkeessä ja aika levätä. On aika olla energinen ja aika olla uupunut. On aika olla varovainen ja aika olla rohkea.

Viisas oppilas näkee asiat sellaisina kuin ne ovat eikä yritä hallita niitä. Hän antaa asioiden edetä omalla painollaan pysyen tietoisena kaikesta.

30. RISTIRIIDAT

Se, joka noudattaa oppimisen Taoa, ei yritä opettaa pakolla eikä uhkaile rangaistuksilla; siitä seuraa vain vastarintaa. Rangaistus kääntyy aina itseään vastaan, vaikka sillä tarkoitettaisiinkin hyvää.

Tehtyään työnsä viisas opettaja hellittää. Hän ymmärtää, että hän ei voi hallita maailmaa. Yritys hallita kaikkea on vastoin oppimisen Taoa.

Koska hän uskoo oman työnsä merkitykseen, hänen ei tarvitse vakuuttaa muita. Koska hän on sovussa itsensä kanssa, hänen ei tarvitse yrittää miellyttää muita. Koska hän hyväksyy itsensä, myös hänet hyväksytään.

31. KANNUSTUS

Rangaistuksilla pidetään yllä kuria. Viisaat opettajat välttävät rangaistuksia, koska ne herättävät pelkoa. Viisaat opettajat käyttävät rangaistuksia vain ani harvoin ja silloinkin hyvin maltillisesti.

Rauhallinen ilmapiiri on hyvin tärkeää. Jos rauha on rikkoontunut, kuinka opettaja voisi olla tyytyväinen?

Oppilaat eivät ole opettajan vihollisia, vaan hänen itsensä vertaisia ihmisiä. Opettaja ei toivo oppilailleen ikävyyksiä eikä hän myöskään nauti heidän rankaisemisestaan. Kuinka hän voisi nauttia heidän epäonnistumisestaan ja tuntea tyydytystä nähdessään heidän menettävän tasapainonsa?

Viisas opettaja luo omalla myötätunnollaan oppimisympäristön sellaiseksi, että se kannustaa itsenäiseen toimintaan.

32. SOPUSOINTU

Oppimisen Taoa ei voi nähdä. Silti se sisältää lukemattomia maailmoja. Jos opettajat olisivat vahvoja ja toimisivat tietoisina Taosta, luokkahuoneissa vallitsisi rauha. Koulut olisivat sopusointuisia paikkoja, joissa sääntöjä noudatettaisiin vapaaehtoisesti.

Muista etteivät oppikirjat ja kokeet ole kaikki kaikessa. Muista myös, ettei opetussuunnitelmiinkaan voi turvautua kaikessa. Kun oivallat tämän, vältyt monilta vaikeuksilta.

Kaikki alkaa Taosta ja päättyy Taoon, niin kuin pienet purot ja suuret joetkin lopulta sulautuvat valtamereen.

33. TUNNE ITSESI

Muiden ymmärtäminen vaatii älykkyyttä, mutta itsensä ymmärtäminen vaatii viisautta. Muiden ihmisten kanssa työskentely vaatii lujuutta, mutta oman itsensä kanssa työskentely vaatii viisautta.

Kun ymmärrät mitä kohtuus on, elämäsi on todella rikasta. Kun pysyt tietoisena omasta syvimmästä olemuksestasi ja hyväksyt niin elämän kuin kuolemankin, elät ikuisesti.

34. TAON SUURUUS

Oppimisen Tao ilmenee kaikkialla. Oppimisympäristössä kaikki oppiminen saa alkunsa Taosta, mutta se ei kuitenkaan itse luo mitään. Se on omistautunut tehtävälleen, mutta se ei kerskaile. Se tukee oppilaita, mutta ei ole riippuvainen heistä.

Koska oppimisen Tao sisältyy kaikkeen, se voi olla vaatimaton. Taon suuruus on siinä, että se pystyy ottamaan vastaan kaiken ja kaikki sulautuu siihen.

Oppimisen Taon todellinen suuruus on siinä, että se itse ei ole tietoinen tästä.

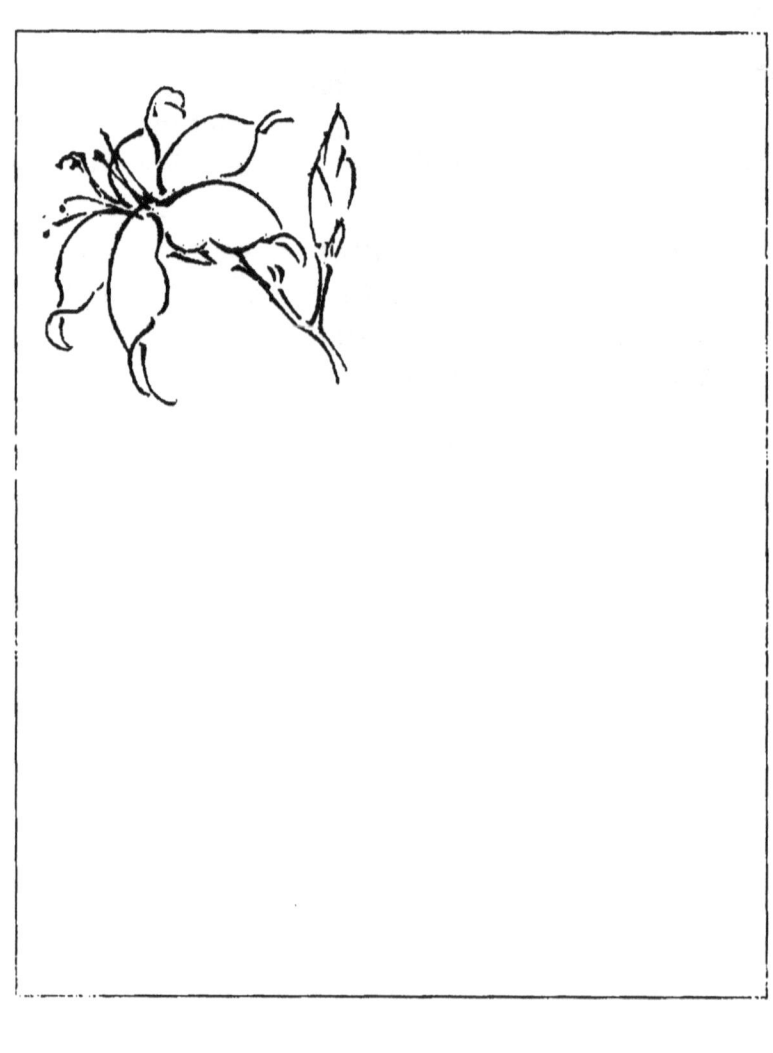

35. YKSINKERTAISUUS ON VOIMAA

Oppilas, joka on tietoinen oppimisen Taosta, pääsee vaikeuksitta päämääräänsä. Hän pystyy säilyttämään kokonaisnäkemyksen kaaoksenkin keskellä, koska hänen sisimmässään on rauha.

Oppimisen Taoa kuvaavat sanat ovat yksinkertaisia ja selkeitä. Jos etsit Taoa, et löydä sitä. Jos yrität kuunnella Taoa, et kuule sitä. Käytätpä oppimisen Taoa kuinka paljon hyvänsä, et voi kuluttaa sitä loppuun.

36. VAHVUUS JA HEIKKOUS

Jos haluat karsia jotakin, anna sen ensin kasvaa. Jos haluat päästä eroon jostakin, anna sen ensin kukoistaa. Jos haluat jotakin, ole valmis luopumaan siitä ensin. Tämä on tietoisuutta luonnon laista.

Heikko voittaa vahvan. Hidas lyö nopean.

Älä yritä selvittää oppimisen mysteeriota; anna tulosten puhua puolestaan.

37. TAO EI TEE MITÄÄN

Tao ei itse tee mitään, mutta kuitenkin kaikki tulee tehdyksi sen avulla. Jos opettaja toimii tietoisena Taosta, hänen ympäristönsä muotoutuu luonnon lain mukaisesti.

Tällaisessa ympäristössä oppilaat ovat tyytyväisiä jokapäiväisen elämänsä yksinkertaisuuteen ja selkeyteen. Kun oppilaat eivät halua mitään erityistä, oppimisympäristö on rauhallinen ja tasapainoinen.

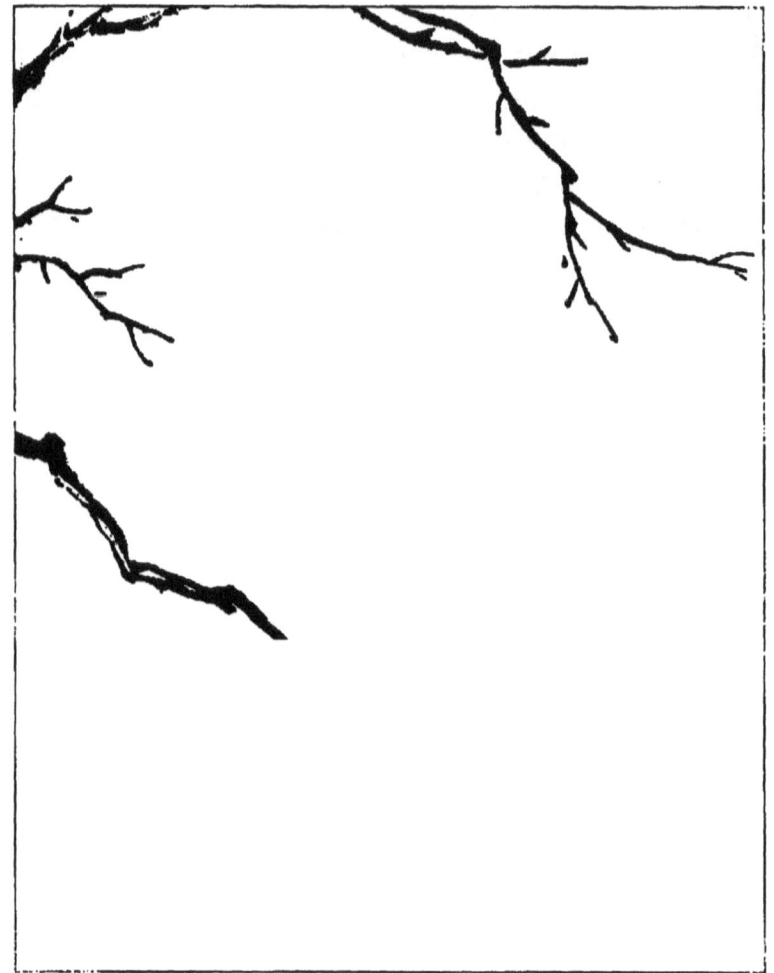

38. VIISAS OPETTAJA

Viisas opettaja ei yritä olla vaikutusvaltainen. Juuri sen vuoksi hänellä on todellista vaikutusvaltaa. Keskinkertainen opettaja sen sijaan yrittää jatkuvasti havitella lisää valtaa ja kokee, ettei hänellä koskaan ole sitä tarpeeksi.

Viisas opettaja ei tee varsinaisesti mitään, mutta kuitenkin kaikki tulee tehdyksi. Tunnollinen opettaja tekee paljon, mutta jotakin tärkeätä jää myös tekemättä. Keskinkertaisella opettajalla on aina kiire, mutta häneltä jää paljon kesken. Tiukka opettaja saa aikaiseksi jotakin, mutta usein pakkokeinoja käyttämällä.

Kun Tao unohtuu, opetus perustuu vain hyväntahtoisuuteen. Kun hyväntahtoisuus unohtuu, jäljelle jää velvollisuus. Kun sekin unohdetaan, opettaminen on pelkkää rutiinia. Opetusta ei saa rakentaa rutiinin varaan; se johtaa helposti harhateille.

Viisas opettaja näkee pintaa syvemmälle; hän näkee sen, mikä on mahdollista. Hän keskittyy kukintojen sijasta hedelmiin. Hän elää tässä ja nyt ilman harhakuvitelmia.

39. OPETTAJAN VOIMA

Kun opettaja toimii sopusoinnussa Taon kanssa, oppimisympäristö on selkeä ja avara. Oppilaat ovat tasapainoisia ja vastaanottavaisia. Kaikki kasvavat yhdessä ja iloitsevat sekä omasta että toisten edistymisestä. Kaikki suoriutuvat hyvin tehtävistään ja pystyvät jatkuvasti uudistumaan.

Jos opettaja toimii vastoin Taon periaatetta, oppimisympäristöstä tulee ahdistava ja opiskelijoista vihamielisiä. Tasapaino järkkyy, eikä mahdollisuuksia osata käyttää hyväksi.

Viisas opettaja paneutuu kaikkiin yksityiskohtiin antaumuksella, koska hän ymmärtää kokonaisuuden. Hänessä on nöyryyttä. Hän ei loista särmikkään timantin tavoin, vaan on sileän ja lujan kiven kaltainen.

40. AIKAA ITSELLE

Oppimisen Tao on omaan sisimpäänsä katsomista. Oppimisen Tao on myös aikaa omalle itselle.

Elämä synnyttää kaiken olevaisen. Elämä kuitenkin on saanut alkunsa tyhjyydestä.

Muista opiskellessasi ja opettaessasi varata aikaa myös itsellesi, hiljentymiseen. Näin saat jälleen yhteyden oppimisen Taoon.

41. HYVÄ, PAREMPI, PARAS

Kun viisas opettaja saa kuulla Taosta, hän omaksuu sen nopeasti. Kun keskinkertainen opettaja saa kuulla Taosta, hän uskoo siihen vain osittain. Kun typerä opettaja kuulee Taosta, hän nauraa sille pilkallisesti. Jos hän ei pilkkaa sitä, kyse ei ole oppimisen Taosta.

Tie valoon voi näyttää pimeältä. Lyhin polku voi näyttää pitkältä. Kehitys voi näyttää taantumukselta. Vahva voi näyttää heikolta. Tasa-arvo voi näyttää epäoikeudenmukaisuudelta. Syvällinen omistautuminen voi näyttää puolinaiselta. Todellinen näkemys voi näyttää epäselvältä. Paras lopputulos voi näyttää riittämättömältä. Suurin rakkaus voi näyttää välinpitämättömyydeltä ja syvällisinkin viisaus typeryydeltä.

Oppimisen Taoa ei voi nähdä, ja kuitenkin se elävöittää ja täydentää kaiken.

42. LUOVUUS

Oppimisen Tao on kaiken luovuuden alkulähde. Se synnyttää lukemattomia luovuuden muotoja.

Kaikessa piilee mahdollisuus luovuuteen. Kun vastakohdat sulautuvat yhteen, syntyy sopusointu.

Keskinkertainen oppilas välttelee yksinoloa. Viisas oppilas osaa hyödyntää sitä. Hän osaa arvostaa yksinoloa, ja tulee näin tietoiseksi omasta paikastaan maailmankaikkeudessa.

43. LEMPEYS

Oppimisympäristössä lempeys voittaa ankaruuden. Näkymätön voi olla läsnä myös siellä missä ei ole tilaa. Asioihin ei aina tarvitse puuttua.

Oppimisen Tao on oppimista ilman sanoja ja toimintaa ilman tekoja.

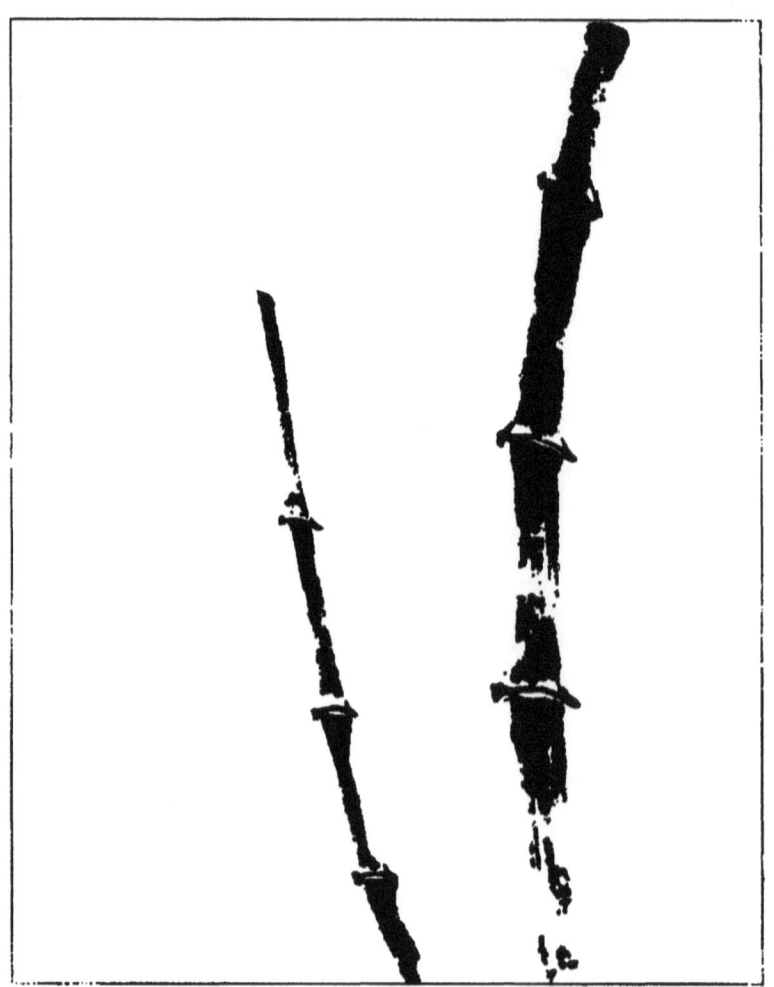

44. TYYTYVÄISYYS

Kumpi on tärkeämpää: maine vai sisäinen rauha? Kumpi on arvokkaampaa: omaisuus vai se, että on tyytyväinen elämäänsä? Kumpi on vahingollisempaa: voittaminen vai häviäminen?

Jos oppilaan tyytyväisyys on riippuvainen muista ihmisistä, hän ei voi olla koskaan todella tyytyväinen. Jos hänen onnensa on riippuvainen rahasta, hän ei voi olla koskaan todella onnellinen.

Ole tyytyväinen elämääsi, iloitse asioista sellaisina kuin ne ovat. Kun ymmärrät, että sinulta ei puutu mitään, pystyt nauttimaan kaikesta.

45. NAURETTAVAN YKSINKERTAISTA

Todellinen oppiminen voi näyttää epätäydelliseltä, mutta kuitenkin se on täydellistä itsessään. Loppuun saatettu työ voi näyttää keskeneräiseltä, vaikka se onkin itse asiassa täydellinen.

Elämässä oikea tie voi näyttää mutkikkaalta. Todellinen viisaus voi näyttää typeryydeltä. Aito taide ei välttämättä näytä taiteelta.

Viisas opettaja antaa asioiden kulkea omalla painollaan. Hän tukee tapahtumien kulkua. Hän väistyy taka-alalle ja antaa Taon puhua puolestaan.

46. PELKO

Oppilaat menestyvät, kun oppimisympäristö on tasapainossa Taon kanssa. Jos tasapaino puuttuu, oppiminen on tehotonta, ja oppilaat alkavat kiistellä keskenään.

Pelko on suurta harhaa. Se saa sekä opettajan että oppilaat puolustuskannalle ja synnyttää näin voittajia ja häviäjiä. Jos opettaja pystyy karkottamaan pelon oppimisympäristöstä, kaikki voivat tuntea olonsa turvalliseksi.

47. TÄSSÄ JA NYT

Viisas opettaja voi avata oppilaiden sydämet ymmärtämään elämää ilman että vie heidät ulos luokkahuoneesta. Viisas opettaja voi saada oppilaat oivaltamaan Taon hengen tässä ja nyt. Pelkkä kirjaviisaus ei auta ymmärtämään elämää.

Viisas opettaja on läsnä, hän näkee valoa pimeässäkin ja saa asiat valmiiksi ponnistelematta.

48. LUOVU OHJAILUSTA

Tavanomainen oppiminen on sitä, että opitaan lisää joka päivä. Oppimisen Tao on sitä, että uskalletaan luopua jo opitusta.

Opettajan on pystyttävä päivä päivältä vähentämään oppilaiden ohjailua, kunnes hänen ei tarvitse enää lainkaan puuttua asioiden kulkuun. Kun asioihin ei puututa, kaikki hoituu itsestään. Todellinen oppiminen on luopumista aikaisemmin opitusta. Se ei tapahdu väkisin.

49. LUOTTAMUS

Viisas opettaja ei yritä taivuttaa muita tahtoonsa. Hän tekee yhteistyötä oppilaidensa kanssa. Hän kohtelee hyvin eteviä oppilaita, mutta hän kohtelee hyvin myös vähemmän eteviä. Tämä on aitoa myötätuntoa.

Hän luottaa oppilaisiin, jotka ovat luottamuksen arvoisia, mutta hän luottaa myös oppilaisiin, jotka eivät sitä ole. Tämä on aitoa luottamusta.

Viisas opettaja on kuin avoin taivas. Oppilaat eivät välttämättä ymmärrä häntä, mutta he kunnioittavat häntä ja suhtautuvat häneen avoimesti. Viisas opettaja luottaa oppilaisiinsa kuin itseensä.

50. VALMIS KAIKKEEN

Viisas oppilas paneutuu koko sydämestään oppimisen haasteisiin. Hän tietää, että kaikki loppuu aikanaan, eikä hän pidä väkisin kiinni mistään. Hänen mielensä ei harhaile eikä hän ole jännittynyt. Hän ei suunnittele liiaksi etukäteen vaan toimii sisäisen äänensä mukaan. Hän ei vastusta oppimista ja on sen tähden valmis kaikkeen – aivan kuten ihminen on valmis lepäämään täyden työpäivän jälkeen.

51. YHTEYS TAOON

Jokainen oppilas ilmentää Taoa omalla tavallaan. Tao ilmenee huomaamattomasti, täydellisesti, vapaasti. Koska Tao ilmenee kaikkialla, kaikki voivat olla yhteydessä siihen.

Tao on kaiken elollisen alkulähde. Se ravitsee, hoivaa ja suojelee kaikkea elollista ja lopulta sulauttaa kaiken itseensä.

Oppimisen Tao luo uutta pyyteettömästi, toimii ilman odotuksia, opastaa määräilemättä. Siksi Tao on todellisen oppimisen perusta.

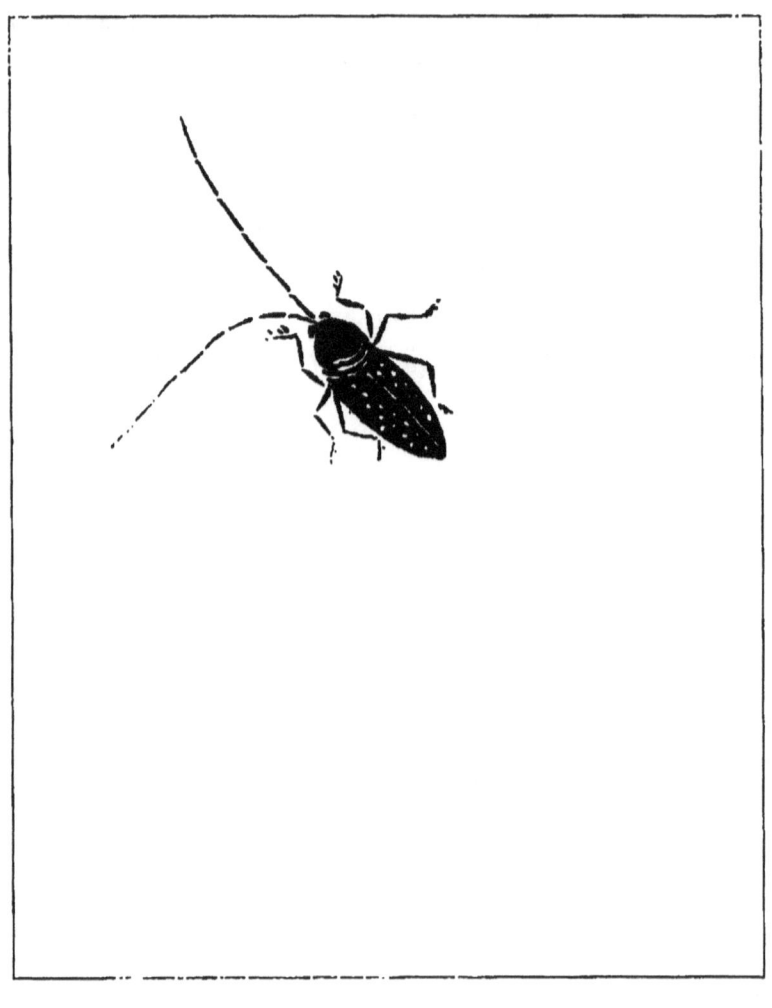

52. ALKULÄHDE

Kaikki saa alkunsa samasta elämän lähteestä ja palaa lopulta siihen.
Löytääksesi Taon sinun on kuljettava sitä kohti. Ymmärtääksesi olemassaolon tarkoituksen sinun on löydettävä syvin olemuksesi.
Jos arvostelet jatkuvasti opettajiasi, mielesi on raskas. Kun et anna kriittiselle mielellesi valtaa, etkä anna ulkokuoren pettää, olosi on rauhallinen.
Kyky nähdä vaatii herkkyyttä. Kyky joustaa vaatii vahvuutta. Pysy tietoisena omasta sisäisestä valostasi ja sen alkulähteestä. Silloin olet yhtä Taon kanssa.

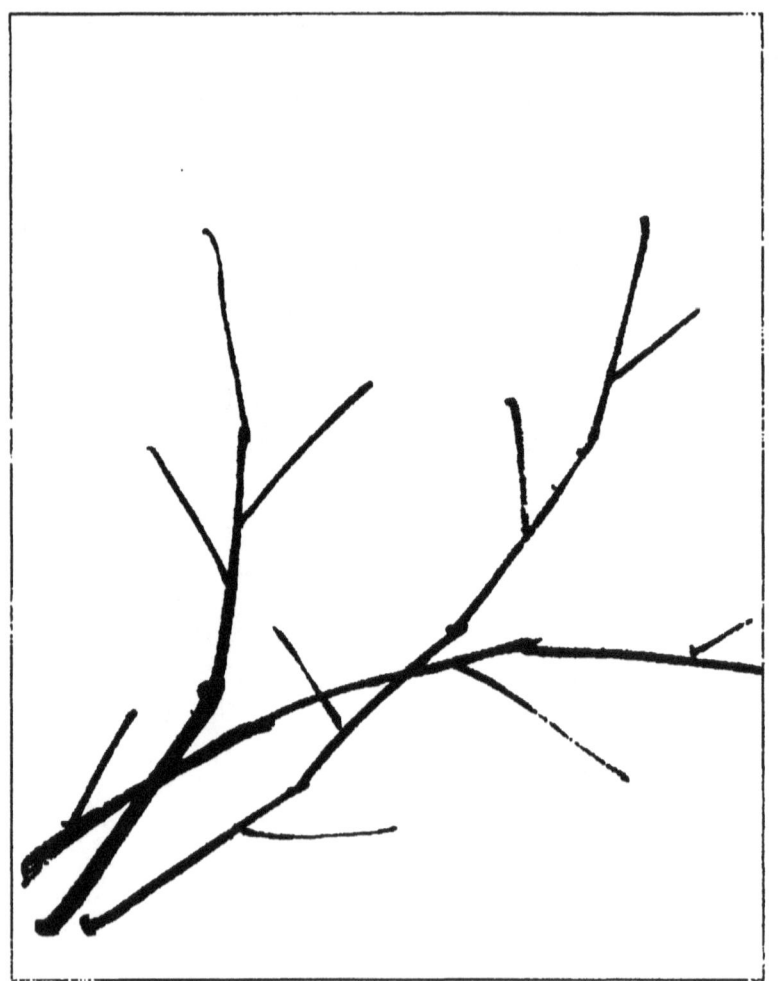

53. KADOTETTU TIETOISUUS

Oikea tie on helppo kulkea, mutta siitä huolimatta jotkut oppilaat poikkeavat harhateille. Ole valpas silloin kun asiat eivät ole tasapainossa. Pysy tietoisena Taosta.

Tietoisuus Taosta on kadotettu silloin, kun pankkiirit rikastuvat maanviljelijöiden menettäessä maansa, kun hallitus käyttää enemmän rahaa aseisiin kuin kirjoihin, kun rikkaat ovat ahneita ja tunteettomia, kun köyhät on jätetty heitteille ja kun rikollisuus ja epäjärjestys vallitsevat yhteiskunnassa.

54. OPETAMME TOISIAMME

Oppimisen Taon omaksunutta opettajaa ei voi syrjäyttää. Hän ei myöskään koskaan lähde jättämättä jäähyväisiä. Häntä kunnioitetaan vuodesta toiseen.

Kun annat Taon olla läsnä opetuksessasi, olet tietoinen ja aito. Kun annat Taon olla läsnä luokkahuoneessasi, oppilaasi menestyvät. Kun annat Taon olla läsnä koulussasi, siitä tulee malliesimerkki muille kouluille. Kun annat Taon olla läsnä koko elinpiirissäsi, kaikki on sopusointuista.

Miten tämä voi onnistua? Vastaus löytyy sisältäsi; siellä on totuus. Me kaikki opetamme vuoronperään toisiamme.

55. AVOIN MIELI

Taosta tietoinen oppilas on pienen lapsen kaltainen. Pienen lapsen luusto on notkea ja lihakset pehmeät, mutta hänellä on silti luja ote. Vaikka lapsi ei tiedä, miten hän on saanut alkunsa, hänen olemassaolonsa on todistus syntymän ihmeestä. Lapsi voi huutaa vaikka koko yön ääntään menettämättä.

Oppilaan voima on samankaltaista. Hänellä ei ole turhia mielihaluja eikä hän myöskään yritä liikaa; hän voi antaa kaiken tapahtua luonnollisesti. Koska hänellä ei ole odotuksia, hän ei myöskään koe pettymyksiä. Sen vuoksi hän pysyy nuorekkaana ja toiveikkaana.

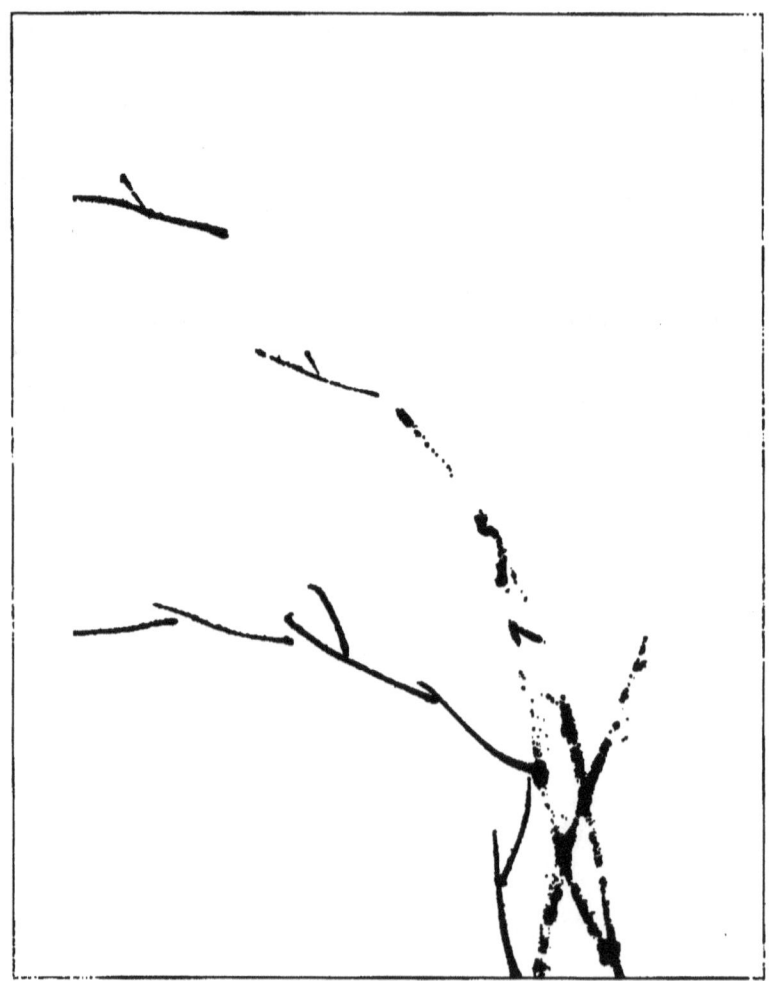

56. TIETOINEN OLEMINEN

Ne, jotka tietävät paljon, eivät puhu turhaan. Ne, jotka puhuvat koko ajan, eivät useinkaan tiedä mitään. Hillitse kielesi, hallitse halusi, hio särmäsi, avaa solmusi, laajenna näkökulmaasi, selvitä välisi kaikkien kanssa. Tämä on tietoista olemista.

Ole Taon kaltainen. Taoa ei voi ottaa eikä antaa, ylentää eikä alentaa, kunnioittaa eikä häväistä. Se on aina kaikkien käytettävissä. Siksi se säilyy ikuisesti.

57. TEE VÄHEMMÄN

Jos haluat tulla poikkeuksellisen hyväksi opettajaksi, opettele seuraamaan Taoa. Älä yritä hallita tilanteita. Luovu ennalta lukkoon lyödyistä suunnitelmista. Asiat hoituvat itsestään.

Mitä enemmän luot rajoituksia, sitä joustamattomampia oppilaat ovat. Mitä enemmän käytät rangaistuksia, sitä turvattomammiksi oppilaat tuntevat itsensä. Mitä enemmän ohjaat oppilaita, sitä vähemmän he luottavat itseensä.

Viisas opettaja sanoo: "Kun luovun määräyksistä, oppilaista tulee rehellisiä. Kun luovun rajoituksista, oppilaat ylittävät kaikki odotukset. Kun luovun muistuttamisesta, oppilaat tekevät tehtävänsä. Kun en enää vaadi hyveellisyyttä, näen sitä kaikkialla."

58. ESIMERKIN VOIMA

Kun oppimisympäristössä vallitsee suvaitsevaisuus, oppilaat ovat vapautuneita ja rehellisiä. Jos ilmapiiri on tukahduttava ja rajoittava, oppilaista tulee hankalia ja kurittomia.

Mitä enemmän opettaja pyrkii käyttämään valtaa, sitä enemmän oppilaat vastustavat häntä. Jos yrität väkisin tehdä oppilaistasi tyytyväisiä, kylvät tyytymättömyyden siemenen. Jos yrität väkisin tehdä heistä rehellisiä, luot pohjaa vilpillisyydelle.

Viisas opettaja ei yritä väkisin vaikuttaa oppilaisiinsa, vaan tyytyy toimimaan esimerkkinä. Hän ilmaisee selkeästi kantansa, mutta ei tyrkytä näkemyksiään. Hän on suoraselkäinen, mutta osaa myös joustaa. Hän on mieleltään terävä mutta sydämeltään lempeä.

59. MIELEN TYYNEYS

Mielen tyyneys on ensiarvoisen tärkeää oppimisen kannalta. Mieleltään tyyni oppilas on vapaa ennakkokäsityksistä.

Hänen mielensä on avara kuin taivas. Hän on vakaa ja järkähtämätön kuin vuori, mutta taipuisa kuin bamburuoko. Hänellä ei ole ennakko-odotuksia ja hän hyväksyy kaiken, mitä elämä hänelle tarjoaa.

Tällaiselle oppilaalle mikään ei ole mahdotonta, koska hän ei takerru mihinkään. Hän pitää huolta omasta hyvinvoinnistaan aivan kuten rakastavat vanhemmat pitävät huolta lapsistaan.

60. VAIKEUKSIEN KOHTAAMINEN

Oppiminen on hyvin hienovarainen tapahtuma. Voit pilata sen liiallisella hätiköimisellä.

Kun olet tietoinen oppimisen Taosta, vaikeudet eivät vaikuta sinuun. Et voi kokonaan välttää vaikeuksia, mutta tietoisuuden avulla voit käsitellä niitä. Kun et välttele ja vastusta vaikeuksia, huomaat pian, että ne häipyvät kuin itsestään.

61. NÖYRYYS

Kun opettajalla on todellista vaikutusvaltaa, hän on kuin valtameri, johon kaikki virrat ja joet sulautuvat. Mitä enemmän opettajalla on vaikutusvaltaa, sitä tärkeämpää hänen on olla nöyrä. Nöyryys tarkoittaa sitä, että luottaa Taoon eikä yritä pitää kiinni omasta arvovallastaan.
Viisas koulu on kuin viisas ihminen. Tehtyään virheen viisas ihminen tiedostaa sen. Tämän jälkeen hän korjaa virheensä. Ihmiset, joilta hän saa palautetta, ovat hänen tärkeimpiä opettajiaan. Hän ymmärtää, että hän on itse vastuussa teoistaan.
Jos Tao vallitsee luokkahuoneessa, se tukee kaikkia luokan oppilaita. Tällainen luokka ei välitä sekaantua muiden luokkien asioihin. Näin se voi toimia esimerkkinä koko koululle.

62. OPI VIRHEISTÄ

Tao on kaiken oppimisen ydin. Se on hyvän oppilaan menestyksen perusta ja huonon oppilaan turvapaikka. Menestyksestä saa palkintoja ja kiitosta. Hyvästä työstä saa osakseen kunnioitusta. Tao on kuitenkin palkintojen, ylistyksen ja urotekojen yläpuolella. Sitä ei voi ansaita teoilla.

Kun uusi oppilas saapuu luoksesi, älä yritä auttaa häntä tiedoillasi ja taidoillasi. Tarjoudu sen sijaan kertomaan hänelle oppimisen Taosta.

Miksi vanhat ja viisaat opettajat arvostivat Taoa? Siksi, että kun opettaja kulkee Taon tietä, hän löytää sen mitä etsii. Kun hän tekee virheen, hän ottaa siitä opikseen ja saa anteeksi. Tämän vuoksi oppimisen Taoa arvostetaan.

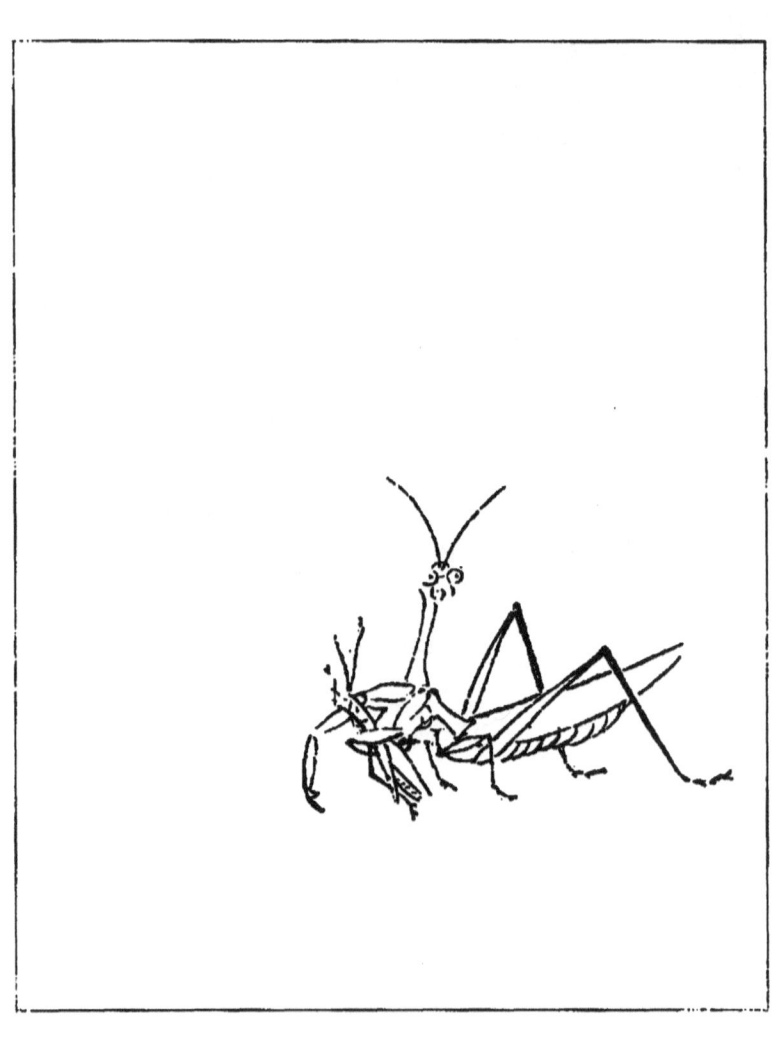

63. TARTU HAASTEISIIN

Opettele olemisen taitoa. Tee työsi rennosti ja jännittämättä. Näe, että pieni voi olla suurta ja vähän voi olla paljon. Tartu haasteisiin silloin, kun voit vielä käsitellä niitä. Pienistä teoista rakentuu suuri kokonaisuus.

Koska viisas oppilas ei pyri täydellisyyteen, hän saavuttaa sen. Kohdatessaan esteen hän hyväksyy sen ja ryhtyy toimeen. Koska hän ei arastele tarttua haasteisiin, hänellä ei ole mitään pelättävää.

64. ELÄMÄN KIERTOKULKU

Hyvin juurtunut kasvaa ja kukoistaa. Uutta on helppo muuttaa ja muovata. Jäykkä on helppo murtaa. Pieni on helppo hävittää. Vaikeudet on hyvä estää etukäteen ja asiat laittaa jo ennakolta tärkeysjärjestykseen.

Ikimetsä on saanut alkunsa pienestä taimesta. Kymmenentuhannen kilometrin matka alkaa yhdestä askeleesta. Hätiköiminen johtaa usein epäonnistumiseen. Asioihin takertuminen johtaa niiden menettämiseen. Hankkeiden kiirehtiminen tuhoaa parhaan mahdollisen lopputuloksen.

Viisas opettaja antaa asioiden kehittyä omalla painollaan. Hän on tyyni ja rauhallinen sekä työhön ryhtyessään että sen jälkeen. Koska hän ei yritä omia itselleen mitään, hänellä ei ole mitään menetettävää. Hän ei vaadi eikä halua mitään. Hänelle oppiminen on opitusta luopumista. Hän opettaa oppilaita ymmärtämään, että elämä on suuri lahja. Samalla tavalla kuin hän kunnioittaa oppimisen Taoa, hän kunnioittaa koko luomakuntaa.

65. PELKKÄ TIETO EI RIITÄ

Vanhat viisaat opettajat eivät yrittäneet väkisin kasvattaa oppilaitaan. Sen sijaan he lempeästi opettivat heitä ymmärtämään, että pelkkä tieto ei riitä.

Jos oppilaat luulevat jo tietävänsä vastaukset, heitä on vaikea opettaa. Kun he tajuavat, että he eivät vielä tiedä, heillä on mahdollisuus löytää oma tiensä.

Jos haluat oppia oppimaan, älä sorru ylimielisyyteen. Yksinkertaisuus on selkeyttä. Jos olet tyytyväinen elämääsi, voit löytää tien omaan sisimpääsi.

66. PYSYTTELE TAKA-ALALLA

Kaikki joet virtaavat mereen, koska meri on jokien alapuolella. Meren valtava voima piilee siinä.

Jos haluat opettaa muita, sinun on osattava asettua myös heidän alapuolelleen. Jos haluat johtaa, sinun on pystyttävä myös seuraamaan.

Viisas opettaja on kyllä oppilaiden yläpuolella, mutta oppilaat eivät koe, että heitä painostetaan. Viisas opettaja ohjaa oppilaita, mutta oppilaat eivät koe, että heitä yritetään hallita. Oppilaat arvostavat häntä. Koska viisas opettaja ei kilpaile oppilaiden kanssa, he eivät myöskään kilpaile hänen kanssaan. Näin opettaja voi pysytellä taka-alalla opettaessaan.

67. SELKEYS, KÄRSIVÄLLISYYS, MYÖTÄTUNTO

Jotkut eivät ymmärrä lainkaan oppimisen Taoa. Jotkut taas leimaavat sen idealistiseksi ja epäkäytännölliseksi. Ne, jotka haluavat kehittyä, sanovat, että Taossa piilee suuri viisaus. Niillä, jotka ovat omaksuneet oppimisen Taon, on korkeat ihanteet.

Oppimisessa on vain kolme tärkeää tekijää: selkeys, kärsivällisyys ja myötätunto. Nämä ominaisuudet ovat erittäin arvokkaita.

Kun olet selkeä ajatuksissasi ja oppimisessasi, näet asioiden todellisen laidan. Kun suhtaudut kärsivällisesti niin ystäviisi kuin vihamiehiisi, ymmärrät asioiden todellisen luonteen. Kun tunnet myötätuntoa itseäsi kohtaan, olet sovussa kaikkien kanssa.

68. YHTEISTYÖ

Viisas opettaja haluaa, että kaikki opettajat onnistuisivat työssään. Viisas johtaja tekee työtä yhdessä alaistensa kanssa. Viisas opas palvelee mielellään matkalaisia. Viisas oppilas oppii yhdessä muiden kanssa.

He kaikki ymmärtävät yhteistyön arvon. Ei niin, etteivätkö he pitäisi myös kilpailusta, mutta he eivät suhtaudu siihen liian vakavasti. Heissä on leikkimielisyyttä ja he ovat luonnostaan sopusoinnussa Taon kanssa.

69. KUNNIOITUS

Viisaat ja kokeneet opettajat sanovat: "Ei pidä toimia liian hätiköidysti; kannattaa odottaa ja seurata tilannetta. Joskus on parempi perääntyä hieman kuin yrittää saavuttaa tuloksia lyhytnäköisesti."

Näin asiat etenevät omalla painollaan eikä niiden kulkuun tarvitse puuttua.

On kohtalokas virhe olla kunnioittamatta oppilaita. Jos opettaja ei kunnioita oppilaitaan, hän ei usko heidän oppimiskykyynsä. Tällainen asenne tuhoaa kaikki mahdollisuudet, eikä opettajaa itseäänkään kunnioiteta. Ne, jotka pystyvät kunnioittamaan toisia, menestyvät.

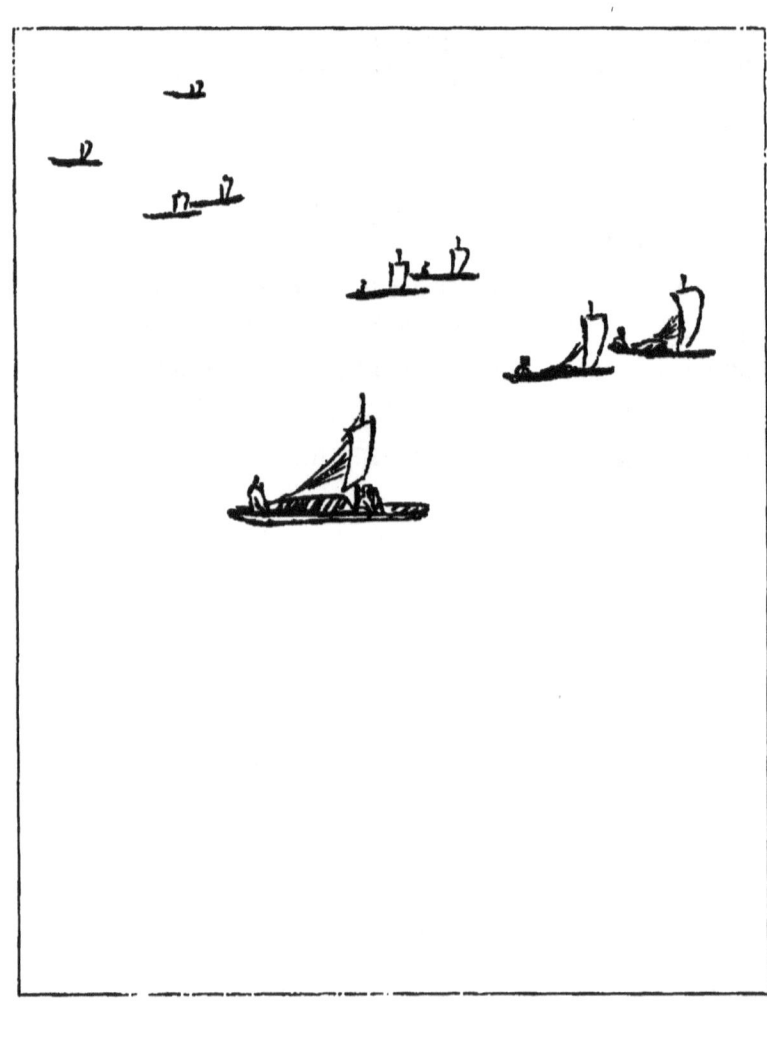

70. IKUINEN VIISAUS

Oppimisen Taoa on helppo ymmärtää ja toteuttaa käytännössä. Sitä ei kuitenkaan pysty jäljittelemään eikä sitä voi ymmärtää pelkällä järjellä.

Oppimisen Tao on ollut olemassa aikojen alusta asti. Miten sen voisi ymmärtää pelkällä järjellä? Jos haluat oppia ymmärtämään oppimisen Taoa, käännä katseesi sisimpääsi.

71. LOPETA TEESKENTELY

Oman tietämättömyytensä tunnustaminen on viisauden alku. Jos teeskentelee tietävänsä, oppiminen saattaa olla mahdotonta.

Kun ensiksi ymmärrät, että et tiedä mitään, voit alkaa pikkuhiljaa oivaltaa asioita.

Oppilas auttaa itse itseään. Vasta sitten kun hän ymmärtää, että hän ei tiedä, hän kykenee oppimaan.

72. INNOSTAVA OPETTAMINEN

Jos oppilaat menettävät kykynsä ihmetellä asioita, he turvautuvat pelkkään tietoon. Jos he eivät kykene luottamaan itseensä, he turvautuvat auktoriteetteihin.

Koska viisas opettaja pysyttelee taka-alalla, oppilaat pystyvät ajattelemaan selkeästi. Hän opettaa ilman tiukkoja sääntöjä ja käsityksiä. Tämä innostaa oppilaita säilyttämään luontaisen kykynsä ihmetellä asioita.

73. TAO ON KAIKKIALLA

Oppimisen Tao virtaa vapaasti. Se on urhoollinen ilman urotekoja, vastaa sanomatta sanaakaan, saapuu kutsumatta ja luo kaiken valmiiksi ilman suunnitelmia.

Tao on kaikkialla. Se näkee kaiken; mikään ei jää siltä huomaamatta.

74. ARVOSANAT

Jos olet tietoinen siitä, että kaikki muuttuu, sinulla ei ole syytä takertua mihinkään. Jos et pelkää epäonnistumista, uskallat kokeilla kaikkea.

Jos yrität hallita oppilaita arvosanojen avulla, asetat itsesi ikään kuin ylivaltiaan asemaan. Jos yrität käyttää jonkun toisen menetelmiä, joudut helposti harhateille.

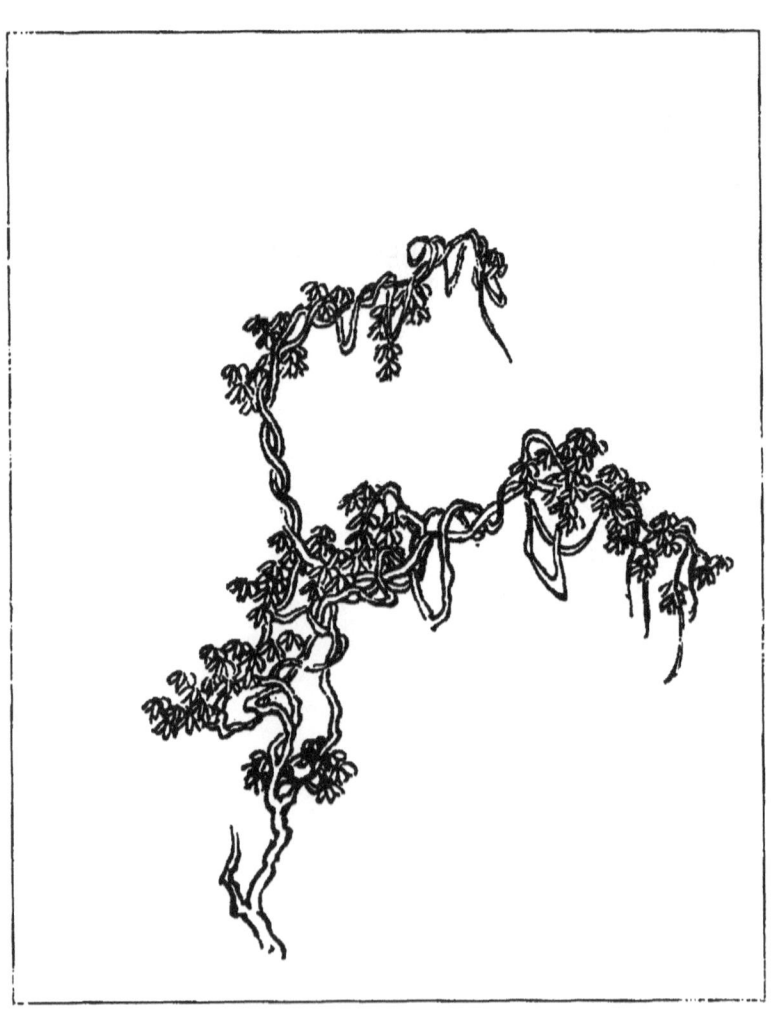

75. LUOTA OPPILAISIIN

Jos säännöt ovat liian ankaria, oppilaat kapinoivat. Jos oppimisympäristöä yritetään hallita liikaa, oppilaat menettävät opiskeluintonsa.

Ajattele aina oppilaiden parasta. Luota heihin ja anna heidän olla rauhassa.

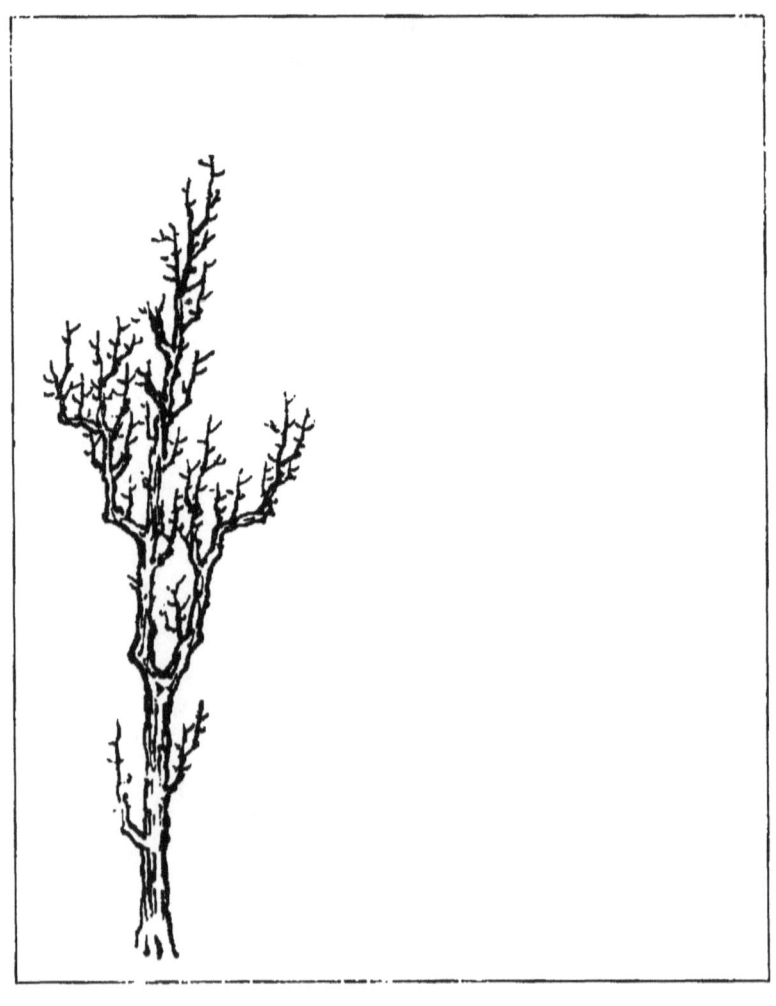

76. PEHMEÄ JA KOVA

Syntyessään ihminen on notkea ja pehmeä. Kuollessaan hän muuttuu jäykäksi ja kankeaksi. Nuoret kasvit ovat pehmeitä ja taipuisia, mutta vanhetessaan ne alkavat kuihtua, ja niistä tulee kuivia ja sitkeitä.

Kova ja joustamaton opettaja kulkee elämän luonnollista virtaa vastaan. Pehmeä ja joustava opettaja on puolestaan yhtä elämän kanssa. Kova ja jäykkä murtuu helposti, mutta pehmeä ja joustava kestää.

77. SUOTUISAT OLOSUHTEET

Opettajan tehtävä on järjestää oppimiselle suotuisat olosuhteet. Hän ei yritä hallita oppilaita, vaan antaa heidän kulkea omia polkujaan.

Opettaja oppii itse jatkuvasti, koska elämä on täynnä mahdollisuuksia. Hän pystyy opettamaan ilman ennakko-odotuksia. Hän ei pidä menestystä omana ansionaan, sillä hän tietää, ettei hän ole parempi kuin muut.

78. LEMPEYS ON VOIMAA

Vesi on pehmeää ja soljuvaa, mutta silti se hioo kovimmankin kiven.
Lempeä opettaja voittaa vastahakoisenkin oppilaan. Joustava opettaja osaa työskennellä vaikeankin luokan kanssa. Tämän tiedetään olevan totta, mutta vain harvat osaavat toteuttaa sitä käytännössä.
Viisas opettaja pysyttelee tyynenä vaikeissakin tilanteissa. Hän ei anna vihalle valtaa. Koska hän ei yritä väkisin auttaa oppilaitaan, hän on heidän paras tukensa.
Lempeys on voimaa.

79. EPÄONNISTUMISESSA PIILEE MAHDOLLISUUS

Epäonnistumisessa piilee onnistumisen mahdollisuus. Toisten syyttely johtaa helposti loputtomaan kierteeseen.

Viisas opettaja tietää paikkansa ja oppii tekemistään virheistä. Hän tekee sen, mikä hänen kuuluukin tehdä eikä vaadi, että muut tekevät kaiken samalla tavoin kuin hän.

80. VAPAUS JA RAKKAUS

Oppimisen Tao syntyy rakkaudesta oppimiseen ja oppilaisiin. Vapaus luo perustan niin oppimiselle kuin opettamisellekin, ja se avaa uusia mahdollisuuksia.

Oppilaat ovat tyytyväisiä, kun heitä ohjataan viisaasti. Koska he nauttivat oppimisesta, he eivät tuhlaa aikaa häiriköintiin. Koska he pitävät opettajastaan, he eivät yritä pinnata. Koska he pitävät oppimisesta, he suhtautuvat siihen kuin mielenkiintoiseen ja jännittävään seikkailuun. Vaikka he voisivat lähteä kellon soidessa, he jäävät luokkaan keskustelemaan ja tekemään kysymyksiä. Koska he saavat tyydytystä oppimisesta, he eivät jätä opintojaan kesken.

81. PALKKIO

Totuus on yksinkertainen. Hienot ja monimutkaiset sanat eivät ole tarpeen.

Viisas opettaja ei yritä todistella näkemyksiään. Ne, joiden on todisteltava näkemyksiään, eivät ole viisaita. Viisas opettaja ei arvosta maallisia rikkauksia. Mitä enemmän hän voi olla avuksi oppilailleen, sitä rikkaampaa hänen elämänsä on. Mitä enemmän hän pystyy välittämään viisauttaan ja kokemustaan muille, sitä suuremman palkkion hän saa työstään.

Oppimisen Tao on läsnä, kun oppilaiden luontaisia vahvuuksia tuetaan ja kehitetään. He oppivat kun heitä ei pakoteta oppimaan.

HEIDER: Johtamisen Tao

Heider on tässä kirjassaan käsitellyt Taon periaatetta ja johtajuutta ennakkoluulottomasti ja länsimaiselle ihmiselle ymmärrettävällä tavalla. Johtamisen Tao tarjoaa runsaasi pohdittavaa ja antaa uudenlaisia näkökulmia ihmisten väliseen vuorovaikutukseen. Heiderin teos on tarkoitettu paitsi johtavassa asemassa oleville myös kaikille niille, jotka ovat kiinnostuneita henkisestä kasvusta ja itsensä kehittämisestä. Tao Te Chingin mukaan todellinen voima kumpuaa luonnon lain, Taon periaatteen, noudattamisesta. Kaikki on tämän periaatteen alaista – tiedostimmepa sitä tai emme. (Sid. 178 sivua)

KELDER:
Viisi tiibetiläistä menetelmää

Kelderin "Viisi Tiibetiläistä" on ollut vuosikymmenien ajan maailmanlaajuinen menestysteos. Kirjassa kuvatut viisi tiibetiläistä menetelmää on tunnettu jo tuhansien vuosien ajan Himalajan luostareissa, joissa munkit ovat harjoittaneet niitä elinvoimansa ylläpitämiseksi ja henkisen kasvunsa tukena. Viisi tiibetiläistä liikettä edistävät elämänenergian virtaamista kehossa ja elävöittävät kehon toimintoja. Viisi tiibetiläistä on yksinkertainen ja tehokas tie kehon, mielen ja sielun tasapainoon.
(Sid. 72 sivua)

SUZUKI:
Zen-mieli – aloittelijan mieli

Kirja opettaa, miten voit harjoittaa zeniä – se kertoo zenin perusolemuksesta, oikeasta harjoitusasennosta, hengityksestä, mielen tyhjyydestä, valaistumisesta... Suzukin opetukset perustuvat hyvin laajasti zen-buddhalaisuuden perinteeseen, mutta hän ottaa esimerkkinsä elävästä elämästä ja sen tavanomaisista tapahtumista siten, että ne on helppo ymmärtää. Zen-harjoituksessa tarvitaan aloittelijan mieltä, zenmieltä. Se on avoimuutta, kykyä nähdä asiat aina uusina ja tuoreina. Zen-mielen tarkoituksena on saattaa sinut takaisin omaan itseesi. (Sid. 128 sivua)

HERRIGEL:
Zen ja jousella ampumisen taito

Eugen Herrigel (1884-1955), saksalainen filosofian professori, tutustui zeniin 1920-luvulla Japanissa. Hän opiskeli jousella ampumisen taitoa useita vuosia mestarinsa Kenzo Awan opastuksella. Tässä kirjassa hän kertoo kokemuksistaan tuona aikana. Herrigelin teos on muodostunut neljässä vuosikymmenessä yhdeksi länsimaisen zen-kirjallisuuden luetuimmista ja rakastetuimmista klassikoista. Vaihe vaiheelta Herrigel johdattaa lukijansa yhä syvemmälle itämaiseen ajatteluun ja aitoon zenin henkeen. (Sid. 80 sivua)

OSHO: Meditaatio on...

Tässä nykyihmistä puhuttelevassa kirjassaan Osho kuvailee syvällisesti ja oivaltavasti meditaation olemusta ja sen monia ulottuvuuksia. Meditaation avulla voimme oppia löytämään todellisen olemuksemme, elämään täysipainoisesti tässä hetkessä. Meditatiivinen ihminen on tyyni ja onnellinen, hän ei tavoittele mitään, vaan iloitsee olemassaolostaan. "Meditaatio ei ole tiedettä eikä se ole taito, jonka voi oppia – se on sisäinen oivallus. Tarvitset vain hiukan kärsivällisyyttä." (Sid. 84 sivua)

OSHO:
Zen – perimmäinen totuus

"Olet olemassa vain sen vuoksi, että sinulla on jatkuvasti sellainen tunne, että jotakin on aivan kulman takana, mutta silti et saa siitä otetta; se näyttää olevan aivan lähelläsi, mutta silti ulottumattomissasi. Siemenestä puuksi ei ole pitkä matka. Jos siemen löytää oikean maaperän, jos se putoaa oikeanlaiseen maaperään, antautuu maalle ja katoaa siihen, sulautuu siihen, silloin puun syntyminen ei ole kovin kaukana. Totuus on kaikkialla ympärilläsi. Zen ei ole kiinnostunut opinkappaleista. Zenin pyrkimyksenä on auttaa sinua löytämään oma olemuksesi." (Sid. 104 sivua)

SHEEHAN: Itsehypnoosi

Kirja neuvoo, miten itsehypnoosia voi käyttää apuna omien sisäisten voimavarojen hyödyntämisessä ja erilaisten ongelmien ratkaisemisessa. Kirjassa esitellään useita harjoituksia, joita voi käyttää apuna esimerkiksi tupakoinnin lopettamisessa, univaikeuksien, pelkotilojen ja jännittyneisyyden poistamisessa sekä erilaisten sairauksien hoitamisessa. Hypnoosi ei ole perinteisten hoitomuotojen korvike, mutta asianmukaisesti käytettynä sillä voi olla monenlaisia myönteisiä vaikutuksia.
(Sid. 104 sivua)

NORONEN: Jännittäjän kirja

Jännittäjän yleisin ominaisuus on se, että hän kokee olonsa jotenkin vaikeaksi ja epämiellyttäväksi toisten ihmisten seurassa tai heidän huomionsa kohteena ollessaan. Hän saattaa olla ahdistunut viikkojakin etukäteen tietäessään joutuvansa tilanteeseen, jota pelkää. Päältä katsoen jännittäjää on varsin vaikea tunnistaa. Norosella on kokemusta työskentelystä yli 3 500 jännittäjän kanssa. Norosen viesti kaikille jännittäjille on: jännittäminen ei ole sairaus, eikä sen hoitamiseen tarvita lääkkeitä. Siitä voi päästä eroon kokonaan ja lopullisesti. Suositun kirjan uudistettu laitos!
(Sid. 184 sivua)

UNIO MYSTICA
UUDEN AJAN KIRJA- JA MUSIIKKIKAUPPA

Laaja valikoima kirjoja
✧ itsetuntemus ✧ psykologia ✧ filosofia ✧ meditaatio ✧ jooga
✧ myönteinen ajattelu ✧ visualisointi ✧ feng shui ✧ kokonaisvaltainen terveydenhoito ✧ ravitsemus ✧ unet ✧ tarot ✧ astrologia

Rentoutusmusiikki
✧ hiljentymiseen ✧ meditaatioon ✧ rentoutumiseen ✧ tanssimiseen
✧ myös paljon erilaisia luonnonääniä (meren aaltoja, delfiinejä, valaita, metsän ääniä, linnunlaulua, puronsolinaa, ukkosta…)
✧ puherentoutuskasetit ja CD-levyt

Tarot
✧ laaja valikoima sekä suomen- että englanninkielisiä tarotkortteja ja -oppaita

Astrologiapalvelut
✧ tähtikartat ✧ luonnehoroskoopit ✧ parisuhdehoroskoopit
✧ vuosihoroskoopit ✧ entisten elämien horoskoopit
✧ Liz Greenen psykologiset horoskoopit ✧ lapsihoroskoopit

Erikoistuotteet
✧ kristalleja ✧ korukiviä ✧ feng shui -kristalleja ✧ taiji-palloja
✧ upeita postikortteja ✧ riimukortteja ja -kiviä

UNIO MYSTICA
PL 186, 00121 Helsinki
Myymälä: Yrjönkatu 8, Helsinki
Puh. (09) 680 1657 • fax (09) 605 164
Avoinna ark. 10–18, la 11–14
sähköposti: info@uniomystica.fi
www.uniomystica.fi

**Tule tutustumaan laajiin valikoimiimme ja avaraan liikkeeseemme Helsingin keskustaan Diana-puistoa vastapäätä, Yrjönkatu 8.
Toimitamme kaikkia tuotteita myös postiennakolla.**

www.ingramcontent.com/pod-product-compliance
Lightning Source LLC
Chambersburg PA
CBHW030240170426
43202CB00007B/73